JEAN BALESDENS

DE L'ACADÉMIE FRANÇAISE

ET

SON QUINTILIEN

PAR

H. MOULIN

Ancien Magistrat

PARIS

JULES MARTIN, LIBRAIRE, SUCC^r DE A. AUBRY

18, RUE SÉGUIER, 18

1880

EXTRAIT

DU

BULLETIN DU BOUQUINISTE

N** des 1er et 15 mai 1880.

—— Tiré à 75 exemplaires. ——

JEAN BALESDENS DE L'ACADÉMIE

ET SON QUINTILIEN

Au mois d'avril de l'année dernière, par une journée froide et pluvieuse, les pieds sur mes chenets, je parcourais le numéro du *Bulletin du Bouquiniste*, que je venais de recevoir, lorsque ma vue s'arrêta sur ces deux lignes : Quintiliani *institutiones;* Exemplaire de Balesdens, avec sa signature et de nombreuses annotations de sa main.

Comment! me dis-je à moi-même, en prenant ma tête dans mes mains, — une épave de la bibliothèque de Balesdens, si riche en belles éditions et en magnifiques reliures! Son Quintilien, signé de son nom, et annoté de sa main! Mais c'est une trouvaille, et je me hâtai, bien m'en prît d'ailleurs, d'en augmenter ma collection d'autographes. Depuis, plus d'un bibliophile me l'a envié.

Ce volume précieux était le Quintilien, édition de Lyon, de 1558, petit in-8, de 741 pages, à dos orné, avec des filets et des vignettes sur les plats, d'une reliure ancienne, mais en mauvais état.

Son titre est : *M. Fabii* Quintiliani *institutionum oratoriarum libri duodecim, summa diligentia ad fidem vetustissimorum codicum recogniti, ac restituti, cum rerum, verborumque indice locupletissimo — Declamationum liber ejusdem.*

Lugduni, apud Theobaldum Paganum, 1558. Il est signé

de Balesdens et chargé de nombreuses annotations de sa main ;
il avait été acheté par le précédent propriétaire sans doute,
en novembre 1572, à la vente de Robert Denyau, ainsi que
l'indique la note suivante : *Ex libris Denyau, vindocniensis.
— Emptus 26 mensis novembri 1572* (1). Puis, sous le titre, de
la main de M. Villenave, cet infatigable chercheur, cet intelli-
gent collectionneur, par les mains duquel ont passé tant de
raretés bibliographiques : « *Exemplaire de Balesdens, de l'Académie française, portant sa signature sur le frontispice, et
chargé d'abondantes notes de sa main* ».

Ces notes sont en latin, tantôt historiques, tantôt critiques,
tantôt grammaticales et philologiques.

Ainsi, pour en donner quelques exemples, Quintilien parle-t-
il de la Reine Bérénice ? Balesdens écrit en marge : « *Berenice
hæc uxor fuit Ptolemæi, Regis ægyptii, filia Herodis, regis
Judeæ, et soror Agrippæ...*

Quintilien dit-il que l'orateur doit cacher son art *«ars non
ostentanda»*, Balesdens ajoute : « *Et si apparet, arte desinit »...*

Le rhéteur latin recommande-t-il de fuir, comme une honte,
le barbarisme et le solécisme, « *prima barbarismi et solæcismi
fœditas absit.* » Balesdens caractérise l'un et l'autre : « *Barba-
rismus est in vitiosa dictione, solæcismus in collocatione inemen-
datâ.*

L'auteur des *Institutions* remarque-t-il que la Providence a
voulu, — et c'est un de ses bienfaits, — que les choses les plus
honnêtes fussent en même temps les plus agréables à l'homme,
« *Dedit enim hoc Providentia hominibus munus, ut honesta•
magis juvarent* ; » Balesdens écrit en marge : « *Aurea sane
reflexio, et hommine christiano dignissima.* etc.

---

(1) Robert DENYAU, en latin *Denyaldus*, ou *Denialdus*, théologien français, Normand d'origine, vivait dans la première moitié du XVIIe siècle.

On lui doit : *Rothomagensis cathedra, seu Rothomagensium pontificum
dignitas et auctoritas in suam diocœsanam pontiliam*, 1633, Paris, in-4.

Vita sancti Clari in pago vulcassino, Paris, 1633, in-4.

En français, Rouen, 1645, in-8.

Rollo Northmanno-Britannicus, Rouen, 1660, in-folio. Cette première
partie de l'ouvrage a seule été imprimée ; la seconde partie, *Vindiciæ nor-
mannicæ*, est restée manuscrite.

Quintilien était pour Balesdens un livre d'affection peut-être, mais d'utilité, bien certainement.

Ses *Institutions oratoires* sont un traité complet d'éducation, où l'orateur est considéré comme l'homme par excellence, et le but de l'auteur a été de former un homme de bien, habile à bien dire, *vir bonus dicendi peritus*. Or, Balesdens, choisi pour l'éducation des trois Coislin, Armand, Pierre et César (1), petits-fils du Chancelier Séguier, l'un des orateurs de son temps ; chargé d'en faire des hommes de bien, habiles à bien dire, dut s'inspirer de Quintilien. Il ne faut pas s'étonner dès lors qu'il l'ait lu, relu et annoté, pour mieux s'en pénétrer et l'enseigner avec plus de fruit à ses élèves.

Mais quel était donc ce lettré, ce précepteur de la famille des Séguier, ce familier, ce correspondant du Chancelier ?

C'était un bibliophile émérite, un des premiers membres de l'Académie française, qui a édité plus d'ouvrages qu'il n'en a composé, et qui doit le souvenir de son nom moins à ses écrits qu'à son amour des livres. C'était un illustre inconnu, comme P. Bardin et Salomon, P. Hay-du-Châtelet et J. Esprit, J. Baudoin et Balth. Baro, Les Porchères, et vingt autres de la création ; c'était un immortel des premiers temps, dont nous ignorerions la vie, si le docte pionnier des origines de l'Académie, M. R. Kerviler ne l'eût, par ses patientes recherches, fait revivre, comme beaucoup d'autres de ses confrères, aussi obscurs que lui (2).

Jean Balesdens est né et mort à Paris. On connaît la date de sa mort, 1675, on ignore celle de sa naissance. Les uns la placent à la fin du xvi⁰ siècle, les autres, au commencement du xvii⁰.

On n'est pas d'accord sur l'orthographe de son nom, et lui-

---

(1) De Coislin, Armand, est mort en 1702, lieutenant-général et académicien, — Pierre, en 1706, cardinal, évêque d'Orléans, et grand aumônier de France ; et Charles, César, en..., chevalier de Malte.

(2) M. René Kerviler, auteur du *Chancelier P. Séguier*, a écrit la monographie de Balesdens dans cet ouvrage, couronné par l'Académie, et pour le *Bibliophile français*, livraison de juin 1873.

On lui doit encore des études littéraires sur plusieurs membres fondateurs de l'Académie, et il ne se passe pas d'année qu'il n'enrichisse sa curieuse galerie de deux ou trois portraits.

même n'en avait pas une invariable. Tantôt il signait Ballesdens, avec deux *l*, tantôt Balesdens, avec une seule (1).

Il fut tour à tour homme du monde et homme d'église ; sa vie peut se diviser en deux parts, l'une pour le palais, l'autre pour l'Église.

Dans la première il fut avocat au Parlement et au Conseil, secrétaire du chancelier Séguier et précepteur de ses petits-enfants ; dans la seconde, abbé, protonotaire apostolique, prieur de Saint-Germain-d'Alluye, et aumônier du Roi.

J. B. Thiers, dans son *Traité des Perruques,* « dit positivement qu'il présenta une supplique au cardinal de Vendôme, légat *a latere*, pour avoir la permission de dire la messe avec une perruque (2) ». Son acte de décès, du 29 octobre 1675 lui, donne les titres « de prestre, conseiller, aumosnier et chappelain de la chapelle royale de Saint-Denis du Chasteau de Brie Comte-Robert (3) ».

Il était aussi, paraît-il, censeur-royal. Le privilège donné en 1666 au *Dictionnaire des précieuses*, de Somaize, est signé de lui, et voici comment il motivait son approbation :

« Le Dictionnaire historique des *Prétieuses* est un extraict fidelle de toutes les galanteries qui regardent cette matière dans les meilleurs romans du temps, et mérite d'estre imprimé, affin qu'on connoisse les habitants et la langue du païs des alcôves et des ruelles. »

A ses titres, qu'il devait à la protection du Chancelier, Balesdens voulut en joindre un dernier. Il eut un jour l'ambition d'être de l'Académie, et la mort du poète Maynard, arrivée sur ces entrefaites, lui permit de poser sa candidature, comme on dit aujourd'hui. Ses titres littéraires étaient minces : Il se pré-

---

(1) Balesdens a signé avec deux *l* l'acte de baptême d'Anne-Geneviève Huot, du 10 juillet 1657, et le privilège de 1666 du *Dictionnaire des Précieuses*, avec une seule *l*, un autre acte de baptême du 9 mai 1636, de l'église Saint-Benoît ; son *Quintilien* et le frontispice du *De Naturâ et incremento Nili*, qui fait partie de ma collection d'autographes.

(2) D'Olivet, *Histoire de l'Académie.*

(3) Jal, *Dictionnaire critique de biographie et d'histoire.* Balesdens fut enterré à Saint-Etienne-du-Mont, où se trouvent aussi Pascal, Racine, de Saci, Domat et Ant. Le Maistre.

sentait avec une traduction des *Fables d'Ésope, le Phrygien,* 1644, in-8, et des *Epîtres de sainte Catherine de Sienne,* in-4, avec des éditions de la Connaissance de Dieu et de soi-même, *Rudimenta cognitionis Dei et sui,* du président Séguier, grand-père du Chancelier; du *De Republica et magistratibus Atheniensium,* de G. Postel; *des Vies des très illustres et très saintes dames vierges et martyres de l'Église;* et de la plupart des œuvres de Savonarole.

Ce bagage était léger, et Balesdens avait la mauvaise chance de se trouver en concurrence avec Corneille. De nos jours quel poète, quel écrivain, s'appelât-il Hugo, Lamartine, Thiers ou Châteaubriand, ne se fût retiré devant Corneille ? Deux fois déjà cependant le grand tragique avait succombé; deux fois déjà l'Académie lui avait préféré Salomon-de-Virelade, avocat général au Grand-Conseil et P. Du Ryer, secrétaire du duc de Vendôme. Cette fois il eut bien pu succomber encore, si le Chancelier eût daigné intervenir en faveur de son secrétaire, mais Balesdens eut le bon esprit de rendre justice à lui et à son concurrent; il se retira devant l'auteur du *Cid.*

La Compagnie, réunie pour l'élection, commençait à délibérer, quand l'un de ses membres, M. l'abbé de Cerisy, lui transmit une lettre de M. de Balesdens, « pleine de beaucoup de civilités pour elle et pour M. Corneille, qu'il priait la compagnie de vouloir préférer à lui, protestant qu'il lui déférait cet honneur, comme lui étant dû, par toutes sortes de raisons (1). »

« La lettre, ajoute Pélisson, fut lue et louée par l'assemblée. »

Corneille fut élu. De Balesdens n'eut pas longtemps à attendre son tour; quelques mois après mourait Claude de Malleville, et il fut nommé tout d'une voix pour le remplacer.

Ce fut en 1648, entre Corneille et Tristan-l'Hermite, qu'il prit possession de son fauteuil.

Son discours de réception fut l'éloge de son prédécesseur, du Chancelier, son protecteur, et de ses nouveaux confrères, en masse. Claude de Malleville, « l'un des plus grands favoris de la Compagnie, était, suivant lui, un homme d'un mérite qui ne

---

(1) Pélisson, *Histoire de l'Académie.*

pouvait trouver de successeur ; Apollon et les muses avaient couronné de toute leur gloire tous ses confrères indistinctement ; il traitait naturellement l'Académie d'illustre, l'appelait la Reine des esprits, la comparait au soleil, et était heureux de voir rassemblées dans son sein Rome et Athènes. »

« L'éloquence, disait-il, n'ayant point de temple plus glorieux que celu que vous avez élevé dans cette illustre Académie, l'entrée m'en devait être plutôt défendue que permise ; et la gloire de lui avoir rendu mes hommages, en vous saluant sur le seuil de cette porte, pouvait être toute la récompense de mon ambition. »

Il est assez probable, en effet, que sans le patronage du Chancelier, Balesdens fût resté à la porte de l'Académie, et eût dû se contenter de saluer du seuil les élus, siégeant à l'intérieur.

« Cette reine des esprits, continuait-il, demandait un adorateur plus digne d'elle que je ne suis, et la mort qui lui a ravi l'un de ses plus grands favoris en la personne de feu M. de Malleville, a fait vaquer parmi vous une place qui devait demeurer vide, puisque son mérite ne saurait trouver facilement de successeur, et que vos chaires ne peuvent jamais être remplies si dignement que de vous-mêmes.....

« Lorsque j'ai vu Athènes et Rome rassemblées en ce lieu ; lorsque j'ai considéré que vous faites entrer en conférence toutes les sciences, et que j'ai découvert toutes les beautés des langues étrangères recueillies dans la nôtre par votre travail, j'ai cru ne pouvoir pas vous remercier comme j'y suis obligé, si je n'empruntais premièrement de vous-mêmes les actions de grâce que je vous dois rendre.

« Toutefois, bien que je ne sois venu qu'à ce dessein, votre abord m'a réduit à la même nécessité qui contraignait les Égyptiens de se voiler le visage, en sacrifiant au soleil, et je ne puis que baisser les yeux et fermer la bouche devant des personnes qu'Apollon et les Muses ont couronnées de toute leur gloire. »

Balesdens vécut vingt-sept ans de la vie académique, et il siégea dans la docte assemblée, à côté de son élève, le marquis Armand de Coislin, mestre-de-camp à huit ans, et académicien à dix-sept, par la grâce de son grand-père, protecteur de l'Académie (1).

---

(1) Toute une dynastie des Coislin s'est succédé au même fauteuil académique durant plus d'un demi-siècle.

Ce fut d'abord le lieutenant-général Armand de Coislin, en 1652 ; son

Il était l'un des familiers de l'hôtel Séguier, et quand ses fonctions appelaient hors de Paris Monseigneur le Chancelier, son ancien secrétaire ne manquait pas de lui écrire, et de le tenir au courant des nouvelles du jour. Cette correspondance, conservée à la bibliothèque nationale, n'est pas sans intérêt à consulter ; elle a le mérite de la chronique et des mémoires.

L'Académie fait-elle, selon l'usage, célébrer un service en l'honneur de l'un de ses membres morts— août 1661 ?— Balesdens écrit :

« Notre Compagnie, qui vous offre la continuation de ses respects, fera dire un service, que nous devons à nos confrères deffuncts, et, comme on a jugé que M. l'abbé de Boisrobert en avait plus de besoin que feu M. de Priézac, on le faict marcher le premier. »

La maladie et la mort s'abattent-elles sur Paris, septembre et octobre 1661 ? Il écrit :

« Le nombre des malades et des maladies augmente tous les jours. Les prières des 40 heures sont instituées pour cela, et les paroisses de Paris vont à tour de roolle à Sainte-Geneviève, y célébrer la messe et les vespres avec beaucoup de dévotion. Je m'y trouvé dimanche avec plus de cent mille personnes.....

« M. de Montz, greffier du conseil, est mort et enterré.

« M. le président de Marbœuf aussi ; ce bonhomme a laissé trente-trois enfants, qu'il a eus d'une seule femme.....

« Mme Olier, la grande audiencière, est morte. On en apporte un billet en vostre hostel, où vostre portier en reçoit maintenant plus que de pistolles ; et moy aussy, puisqu'il plaist à Dieu. J'en ay desjà un assez bon nombre pour en faire relier un volume, en forme de martyrologe.

Ici le bibliophile, si curieux de pièces uniques, se trahit. Il est homme à se faire un volume de lettres de part, et de billets d'enterrement !

La Reine donne-t-elle un Dauphin à la France, octobre 1661 ?

---

fils, Pierre, duc de Coislin, en 1702 ; et enfin, son neveu, Henri Charles de Camboust, duc de Coislin, évêque et prince de Metz, premier aumônier du roy, en 1710.

C'est ce dernier qui avait hérité de la belle bibliothèque du chancelier Séguier. Il l'augmenta et la légua à l'abbaye de Saint-Germain-des-Prés, mais elle fut dévorée en grande partie par un incendie de 1793 ; ce qui en resta a profité à la Bibliothèque nationale.

Balesdens s'empresse d'annoncer à son protecteur cette heureuse nouvelle et la joie avec laquelle Paris l'a accueillie.

« Hier, sur les cinq heures du soir, le gros bourdon de l'église de Notre-Dame charma, pour quelque temps, l'ennuy que les cloches des paroisses de Paris, nous causent depuis trois mois. En effet, un courrier arrivant sur la fin des vespres, avec une lettre de cachet à MM. les grands vicaires, causa une joye qui devint si publique en dernière heure, que, quand la nuict n'aurait pas été si proche, tous les marchands n'auraient pas laissé de fermer leurs boutiques, ponr tesmoigner leur allégresse.

« M. le doyen, à qui la lettre s'adressait particulièrement, Étant de retour chez luy pour la recepvoir, assembla le chappitre a l'heure mesme, où l'on ordonna que le Saint-Sacrement seroit exposé aujourd'huy, à six heures du matin, et qu'on feroit des prières pour l'heureux aceouchement de la reyne, qu'on nous disait dès hier estre dans le travall. Ce beau jour sans doute n'aura pas de nuict, puisque je vois desjà qu'on prépare du bois et des lanternes pour esclairer nostre bonheur, et que chascun s'appreste à se resjouir de la naissance d'un Dauphin, qui doist faire notre félicité, en calmant par sa chère présence ce qui peut rester d'orages dans l'Estat..... »

Enfin le Parlement fait-il sa rentrée de la Saint Martin de 1661 ? Balesdens en informe son illustre correspondant.

« MM. du Parlement sont entrés au palais le lendemain de la Saint-Martin, comme c'est l'ordinaire, et la messe du Saint-Esprit, *dont la descente est si nécessaire dans l'esprit des juges*, fut célébrée par Mgr l'évesque d'Amiens, qui s'acquitta aussi dignement de cette cérémonie que du compliment qu'il fict à l'assemblée, pour la remercier de l'honneur qu'il avait reçeu, et de celuy qu'il recepvait encore de se voir sur les fleurs de lys (1). »

Et ainsi de tous les bruits, de tous les évènements, de toutes les nouvelles qui pouvaient, en son absence, intéresser le Chancelier. Ces lettres de Balesdens, tantôt non signées, tantôt signées d'initiales seulement, toutes écrites au courant de la plume et sans recherche aucune, prouvent des rapports d'inti-

---

(1) Correspondance de Séguier. *Bibliothèque nationale.* Fonds Saint-Saint-Germain franç., n° 709, 732, 34 et 35.

R. Kerviler. *Le Chancelier P. Séguier.* Appendice, lettres inédites de Balesdens.

mité entre le patron et l'ancien secrétaire, de la bienveillance d'une part, de la gratitude de l'autre.

Balesdens était, suivant l'abbé de Marolles, « d'une humeur gaie et d'un entretien divertissant. » Il était, d'après Chapelain, plus curieux qu'habile, et plus cupide de gloire que glorieux. Tout ce qu'il « avait publié était au-dessous de la médiocrité... c'était un bon homme (1). »

Furetière le rangeait, avec les abbés Cotin et Cassagnes, Tallemant, Michel Leclerc, etc., parmi les *jetonniers*, c'est-à-dire les membres qui venaient à l'Académie, pour y gagner leur jeton, bien plutôt que pour y prendre leur part des travaux de la Compagnie.

Si Balesdens était un auteur médiocre, *un jetonnier*, c'était par contre un bibliophile distingué, « plein de goût, sévère sur la forme et sur le fond, amateur de belles éditions, de riches reliures, et dont la bibliothèque par le nombre, le choix et la beauté des éditions, pouvait rivaliser avec celle de son maître, le chancelier Séguier.

« C'est son seul amour des beaux livres qui tire de temps en temps son nom de l'oubli qui l'entoure.

« On ne s'inquiète guère de savoir quels ont été sa vie ni ses ouvrages ; mais on se dispute les belles reliures de sa précieuse collection, et la bibliophilie lui assure une immortalité que ses œuvres n'ont pu lui donner (2). »

Balesdens avait employé beaucoup de temps et d'argent à se former une bibliothèque, l'une des plus nombreuses et des plus riches de son temps. Son goût sûr et persévérant avait réuni des manuscrits précieux, des imprimés des meilleures éditions, et plusieurs *Grolier*, aujourd'hui si recherchés, et que les amateurs se disputent au poids de l'or (3). »

---

(1) Chapelain. *Mémoire des gens de lettres.*

(2) Charles Nodier et R. Kerviler. *Bibliophile français*, juin 1873.

(3) J. Grolier-de-Servier, vicomte d'Aguisy, l'un des quatre trésoriers-généraux de France, intendant général de l'armée, fut l'un des premiers bibliophiles de son siècle.

Sa Bibliothèque, l'une des plus riches de l'époque, et remarquable par le nombre, par le choix et par la reliure des ouvrages, était ouverte aux savants et aux hommes de lettres, ses amis.

A sa mort, cette bibliothèque eut le sort des collections que ne protège pas l'affection éclairée d'un héritier.

Les manuscrits furent achetés par Colbert, et laissés par lui au comte de Seignelay, son fils. Celui-ci les vendit au roi Louis XV, qui les donna à la bibliothèque nationale, où ils sont encore précieusement conservés.

Les imprimés furent dispersés au vent des enchères. Tous ces volumes, la plupart signés et annotés de la main de Balesdens, marqués au coin de ses quatorze marguerites d'or, blason adopté par le bibliophile, allèrent enrichir des collections particulières.

Depuis deux siècles le temps, l'incendie, les guerres et les révolutions en ont détruit beaucoup. Ceux, en petit nombre, qui ont échappé à la destruction, se montrent de loin en loin dans les ventes, à la mort des possesseurs successifs, et y deviennent l'objet de vives convoitises, et de luttes passionnées entre les bibliophiles.

« Jo. *Grolierii et amicorum,* » était la devise de ses livres.

Après sa mort, sa collection de médailles fut achetée par le roi, Louis XIV, et ses livres furent vendus aux enchères. Le petit nombre d'exemplaires qui ont survécu à trois siècles se trouvent à la Bibliothèque nationale, au Musée britannique, dans les bibliothèques de quelques grandes villes, comme Caen, Rouen, Lyon, Marseille, Orléans et Versailles, et dans quelques collections particulières, comme autrefois celles de Nodier, d'Armand Bertin, du marquis de Morante, de Didot, comme aujourd'hui, de M. le duc d'Aumale, du baron Pichon, etc.

Ballesdens avait neuf exemplaires Grolier.

Quand, par hasard, il en apparaît un dans nos ventes modernes, les Bibliophiles se les disputent à coups de billets de banque, et les enchères atteignent parfois des sommes folles.

Faut-il rappeler que le Virgile, d'Alde de 1527, a été vendu 1,600 fr. ;

Les lettres de Pline, du même imprimeur, de 1508, 1,106 fr.; le Catulle, du même, de 1515, 2,500 fr.;

Et ces prix sont ceux de 1854 et de 1856; ils seraient plus que doublés aujourd'hui.

J'ai vu vendre, assez récemment, à la vente de M. Silvestre de Sacy, un Racine, de 1760, 3 vol. in-4, 3,200 fr.

Un Corneille, de Renouard, 1817, 12 vol. in-8, 1,950 fr.;

Et, à la vente Didot, le *Missel de Charles VI*, in-folio, manuscrit du commencement du xve siècle, 76,000 fr. !

La Bibliothèque Didot produira, assure-t-on, plus de trois millions!...

Il y a dans toutes les ventes, à côté des Bibliophiles éclairés, des

Le *Quintilien*, qui fait le sujet de cet article, préparé à l'usage, non du Dauphin, mais des Coislin, est apparemment l'un des derniers survivants de tous ces volumes disparus (1). D'où vient-il? quelles ont été ses destinées depuis la mort de son premier propriétaire ; dans quelles mains a-t-il passé; dans quelle ancienne bibliothèque, au milieu de quel amas de vieux livres le *Bulletin du Bouquiniste* l'a-t-il trouvé ? Je ne sais, mais c'est lui qui l'a découvert, c'est à lui que j'en dois la possession, et c'est à lui que ma reconnaissance adresse, avec mes remercîments, cette Étude sur le livre et sur son maître originaire.

H. Moulin, ancien magistrat.

---

bibliomanes passionnés qui, sans trop s'inquiéter de l'ouvrage, en lui-même, ne voient que son habit, et jettent l'argent, sans compter, sur les Derôme, les Le Gascon, les Pasdeloup, les Du Seuil, et, de notre temps, sur les Bozérian, les Bauzonnet, les Thouvenin et les Capé.

(1) La Bibliothèque de Caen, l'une des plus riches de province, confiée aux soins intelligents de mon vieil et savant ami M. J. Travers, — possède l'*Horace* de J. Balesdens, signé de lui. C'est l'Horace traduit par les deux frères Le Chevallier D'Aigneaux, Virois, d'origine.

Paris. — Typ. PILLET et DUMOULIN, rue des Grands-Augustins, 5.